P9-DYI-823

DEDICATION

This book of poems is dedicated to all my
relatives, friends, and associates who have given
me so much encouragement and support.

DEDICATORIA

Este libro de poemas está dedicado a todos
mis parientes, amigos y asociados que me han
dado tanto ánimo y apoyo.

ACKNOWLEDGEMENT

I would like to acknowledge and give special thanks to the valuable technical and grammatical assistance that Margarita Ortiz provided me in completing the manuscript. Her native speaking ability and knowledge of Spanish grammar was very important and essential to the best quality of the Spanish translations. Margarita was born and raised in Puerto Rico and came to the United States in 1988. She graduated from Wayne State University, Detroit, Michigan and has her M.L.S., Master's Degree in Library Science. She has the distinction of being one of the first Hispanic Librarians in the Detroit Public Library system. She works today at the Bowen Branch, Detroit Public Library.

September 2000

AGRADECIMIENTO

Quisiera agradecer especialmente a Margarita Ortiz la valiosa ayuda gramatical y técnica que me prestó en la realización de este manuscrito. Sus conocimientos de la lengua y de la gramática española fueron muy importantes a la hora de mejorar la calidad de la traducción al español. Margarita nació y creció en Puerto Rico y se trasladó a los Estados Unidos en 1988. Se graduó en la Universidad de Wayne State en Detroit, Michigan, donde obtuvo una Maestría en Ciencias Bibliotecarias. Ha sido una de las primeras bibliotecarias hispanas en el sistema de Bibliotecas Públicas de Detroit. En la actualidad, trabaja en la Bowen Branch de la Biblioteca Pública de Detroit, Michigan.

Septiembre del 2000

PREFACE

Both the English and Spanish languages are major world languages. Both share long-standing and proud cultural histories. They are both spoken, read and understood in many faraway parts of the world. I am pleased to offer this collection of poems in these two very important languages.

September 2000
Gil Saenz

PREFACIO

El inglés y el español son dos idiomas universales con una larga trayectoria histórica y cultural. Ambos idiomas se hablan y se leen en los lugares más lejanos del mundo. Me complace poder ofrecer al lector esta colección de poemas escritos en dos idiomas tan importantes.

Septiembre del 2000
Gil Saenz

CONTENTS

CONTENIDO

POEMS OF LIFE

Every life is a complete universe,
Large, small or somewhere in between.
Various images of time and place
Recall the stages of life's scenes.
Our first memories of infancy
Begin as a state of utter dependency,
Helpless, we cry for everything.
Vague memories are like a dream.
Childhood has the most lasting effect
Though the recollections are also fuzzy;
Grade school, middle school, and high school
Seemed to go on and on forever.
In our maturity and young adulthood,
Our paths are more unlike specific.
Poems fittingly express the diverse stories
Of the numerous phases of our lives;
Thus, we may call them the poems of life.

POEMAS DE LA VIDA

Cada vida es un universo completo,
Grande, pequeño o entre medias.
Diversas imágenes de tiempo y lugar
Nos llevan a otras etapas de nuestra vida.
Nuestros primeros recuerdos de infancia
Se forjan en un estado de total dependencia.
Indefensos, lloramos por todo.
Los recuerdos de aquellos momentos son como un sueño.
La niñez tiene un efecto duradero
Aunque los recuerdos de ella no sean nítidos;
La escuela primaria, la escuela secundaria,
Entonces, el tiempo se nos hacía interminable.
En nuestra madurez y juventud,
Nuestros senderos son más diferentes y específicos.
Los poemas expresan con claridad las distintas historias
De las fases de nuestras vidas;
Por eso podemos llamarlos poemas de la vida.

PATTERNS

Patterns of daydreams,
Patterns of loves never known,
Trying to live for the moment,
Trying to go it alone,
Each day was like this.

Patterns of orange-colored sunsets,
Patterns of roads not taken,
Feeling love rise and fall,
Feeling wise but nevertheless mistaken,
Each day was like this.

Patterns of green summer fields,
Patterns of moon beams in the night sky,
Longing for that perfect someone,
Longing and wondering why,
Each day was like this.

Patterns of the many autumn leaves,
Patterns of the golden sunshine days,
Searching for the ideal one,
Searching and turning even to prayer,
Each day was like this...

HUELLAS

Huellas de ensueños,
Huellas de amores no conocidos,
Intentando vivir el momento,
Intentando estar solo,
Cada día era así...

Huellas de atardeceres anaranjados,
Huellas de caminos no andados,
Sintiendo el amor surgir y marcharse,
Sintiéndome sabio y a la vez equivocado,
Cada día era así...

Huellas de campos verdes de verano,
Huellas de rayos de luna en el cielo oscuro,
Añorando el amor perfecto,
Añorando y preguntándome por qué,
Cada día era así...

Huellas de hojas de otoño,
Huellas de cálidos días dorados,
Buscando el ser ideal,
Buscando y orando,
Cada día era así...

COURAGE

Dare to follow your heart's desire.
Life, after all, never asks of us
Any more than that which is required.

Don't be discouraged if things don't always
Turn out just so.
Sometimes your mistakes are just as important
As the things you already know.

Never lose sight of your final goal.
Remember, the parts are equally as significant
As the whole.

Courage is something we all must maintain.
We must always be willing to pick up
And keep going again.

VALOR

Haz lo que te dicte el corazón.
Después de todo, la vida no exige
Más de lo necesario.

No te preocupes cuando las cosas
No vayan como deseas.
A veces nuestros errores son tan importantes
Como la experiencia que ya tenemos.

Nunca pierdas de vista tu último destino.
Recuerda que las partes son tan importantes
Como el todo.

Ten siempre valor.
No pierdas el ánimo
Pues has de seguir adelante.

A BLESSED LIFE

God gives me many gifts
And many times
I do not feel that I deserve them.

I am blessed
As a result of these graces
Which are freely given and received.
But from those who have more,
More is expected.

They say that it is difficult
For the rich man to
Enter into heaven.
Perhaps it is better sometimes
To have peace and true love
Instead of a lot of money.

UNA VIDA BENDITA

Dios me da muchos regalos
Y muchas veces
No creo merecerlos.

Bendito soy yo
Por tan maravillosos dones
Que me son gratuitamente otorgados.
Pero más se le exige
A los más agraciados.

Dicen que para el hombre rico
Es más difícil
Entrar al cielo.
Tal vez sea mejor
Tener paz y amor sincero
En vez de mucho dinero.

AUTUMN

The music of the wind
Brushing the leaves
Of the trees,
Made it all begin again.
All the memories came rushing back,
And started to unfold.

This particular season,
The wind,
And the familiar bouquet
Of the flowers,
Together recalled the story
Of all that once was ours.

OTOÑO

Todo volvió a empezar
Cuando la música del viento
Acarició las hojas
De los árboles.
Todos los recuerdos se agolparon
Y volvieron a tomar vida.

Esta estación en especial,
El viento,
Y la fragancia familiar
De las flores,
Todos ellos recordaban la historia
Que antaño nos pertenecía.

BEST FLOWER

Morning glory, oh morning glory,
Fresh as the morning dew,
Her pretty smile and youthfulness
Made me feel more youthful too.

Her simple and direct manner
So plain and yet so true,
Gave her so much more charm
Than all the other flowers
Through and through.

Morning glory, her radiant beauty
Makes the bird sing,
And makes the pigeon coo,
I wonder if we will ever find
That special love which we
Have been seeking too.

LA FLOR MÁS BELLA

Dondiego de día, oh dondiego de día,
Fresco como el rocío,
Su bella sonrisa y su juventud
Me hicieron sentir joven también.

Su sencillez y naturalidad
Tan llana y verdadera,
Le daba más encanto
Que al resto de las flores
Completamente, hasta el fin.

Dondiego de día, su belleza radiante
Hace que los pájaros canten
Y que la paloma se arrulle.
Me pregunto si algun día encontraré
Aquel amor tan especial
Que ambos hemos buscado.

BEYOND THOUGHT

Meditation leads you to the profound silence
Where there is the special quiet of a thousand forests,
Where thought and breath are the same,
Where time stands still,
Where healing, unity and wholeness all take place,
Where a sense of the divine side of life is gained,
Where one makes contact with the Eternal Father,
Where eternity is experienced and encountered,
By the feeling and sense of timelessness.

MÁS ALLÁ DEL PENSAR

La meditación nos lleva a un silencio profundo
Donde se halla la tranquilidad de mil bosques,
Donde el pensamiento y el aliento son lo mismo,
Donde el tiempo es inmóvil,
Donde el bienestar, la unidad y la plenitud se conjuntan,
Donde se adquiere el sentido divino de la vida,
Donde uno puede comunicarse con el Padre Eterno,
Donde se experimenta y se enfrenta la eternidad,
Mediante un sentimiento y sentido de tiempo infinito.

GRACE

So many events,
So many circumstances,
So many accidents of birth,
Are all related in a common thread.
They form the myriad picture
Of the unique person
That we are,
And that we are becoming.

GRACIA

Tantos eventos,
Tantas circunstancias,
Tantos nacimientos accidentales,
Todos ellos hilvanados
Con el mismo hilo,
Forman la imagen irrepetible
De la persona única
Que cada uno somos
Y que continuamos siendo.

LILAC MAGIC

In the early morning hours,
At the dawn of a new day,
In the sky was a lilac light.

And on the grassy paths,
Out on the countryside
The morning dew had a lilac sheen.

Among all the many blossoms
And vegetation there were also
The radiant lilac flowers.

Smooth and gentle,
Light and clear
The natural beauty of lilac,
Or fight purple, was always near.

Lilac twilight and lilac evening
Colored the lilac horizon.
Then came the dark blue of nighttime.

LILA MÁGICA

En las horas tempranas de la mañana,
Cuando amanece un nuevo día,
En el cielo hay una luz color lila.

Y sobre los senderos cubiertos de hierba,
Allí en el campo
El rocío tiene un brillo color lila.

Entre todas las flores
Y plantas se encuentran
Las flores de lila.

Lisa y suave,
Clara y ligera,
La belleza natural de la lila,
Su color morado luminoso, siempre está presente.

Crepúsculo de lila y noche de lila
Colorean el horizonte de color lila.
Entonces aparece el azul oscuro de la noche.

NIGHT WISH

Sweetness of my life,
Come to me tonight.
Help me rest my weariness,
Refresh me with your tenderness.
We'll talk, we'll laugh,
And be at ease.
We will relax together
And do what we please.
How simple it all seems,
And yet it's only in my dreams.
So sweetness of my life,
Come to me tonight.
Let's create some
Beautiful memories together.

DESEO NOCTURNO

Dulzura de mi vida,
Acompáñame esta noche.
Ayúdame a relajar mi fatiga,
Refréscame con tu ternura.
Hablaremos, reiremos
Y nos pondremos cómodos.
Juntos nos relajaremos
Y haremos lo que más nos plazca.
Qué sencillo parece todo,
Pues aún se trata de un sueño.
Dulzura de mi vida,
Acompáñame esta noche.
Juntos crearemos recuerdos
Tan hermosos como un sueño.

OUR CREATOR

Oh Ineffable Trinity,
Father, Son and Holy Spirit,
The Uncreated Source
Of all creation
We acknowledge your
Almighty power, wisdom,
And love for your creatures,
Our finite minds cannot begin
To appreciate all your many qualities
Of omniscience, omnipresence, and
Omnipotence Dear Father God,
Manifest in your wondrous creation.
We must pray each day to understand
And to know better through faith
Your profound mystery.

NUESTRO CREADOR

Oh inefable Trinidad,
Padre, Hijo y Espíritu Santo,
Eres la fuente no creada
De toda la creación.
Reconocemos tu poder omnipotente,
Tu sabiduría
Y tu amor hacia todas tus criaturas.
Nuestras mentes finitas no pueden darse cuenta
De tus innumerables cualidades,
De tu omnisciencia, omnipresencia y omnipotencia,
Querido Padre Dios,
Manifestadas en tu maravillosa creación.
Tenemos que orar cada día
Para comprender y conocer mejor con nuestra fe
Tu profundo misterio.

POEM SONG

A poem as enchanting as a song
It was written there all along.

My heart knew the beauty and the love,
The golden inspiration which comes from above.

My couplets were in perfect rhyme
While the lyrics pertained to all of time.

Capturing the new mood in a simple fresh way
Seemed to come to me day after day.

My hope was that the music would shine through
With every poem that I would write anew.

CANCIÓN POEMA

Con el mismo encanto que una canción
Fue escrito este poema de amor.

Mi corazón conoció la belleza y el amor
La inspiración dorada que llega con mágico esplendor.

Mis coplas tenían una rima perfecta
Y su letra pertenecía a todos los tiempos.

Me fue cautivando día tras día
Con su frescura y melodía.

Con la esperanza de que su música se oyera
En cada nuevo poema que escribiera.

SOARING SPIRITS

Piano and violin
Together blend
And fill our hearts
With pleasant joy.
While above us
In the velvet
Blue starry sky
Our spirits
Have gone to fly.

ESPÍRITUS ELEVADOS

El piano y el violín
Se unen
Llenando nuestros corazones
Con una dulce alegría.
Mientras arriba
En el cielo estrellado
De un azul aterciopelado
Nuestros espíritus
Se han elevado.

SPRING'S AMBITION

When the breeze is warm and the rays of the sun
Beat down good-naturedly upon your face,
You can tell spring is beginning.
The color of light green is everywhere
In the upper branches of all the trees,
The April showers nourish new flowers.
The tenseness of the cold frigid winter days,
Has been replaced by the relaxed days
Of this milder and warmer season.
A mood of new birth is in the air.
Nature gives new life and new hope.

AMBICIÓN DE PRIMAVERA

Cuando la brisa se calienta y los rayos de sol
Acarician dulcemente tu cara,
Puedes decir que la primavera ha llegado.
El color verde claro está por todos lados.
En las copas de los árboles,
Las lluvias de abril alimentan las flores.
La tirantez de los fríos días de invierno
Ha sido reemplazada por los días más relajados
De esta estación más cálida y templada.
Un sentimiento de renacer nos embarga,
Pues la naturaleza nos brinda nueva vida y esperanza.

WHERE LOVE IS

Love is found in many places,
And is expressed in many different ways.
It is part of all the social graces,
Of the little things we do and say.

Love is in all the natural beauty
Of the good, green earth which God has made
A sunrise, a sunset, a mountain,
A forest, a stream or a sparkling everglade.

Love is the great motivator,
More than just an emotion or a feeling,
To convince or dissuade.
It is a great mystery in which
The positive forces always prevail.

EL AMOR ESTÁ...

El amor está en muchos lugares
Y se expresa de diferentes maneras.
Lo hallamos en todas las costumbres sociales,
En aquellas pequeñas cosas que decimos y hacemos.

El amor está en la belleza natural
De la hermosa tierra verde que Dios nos ha dado.
En un amanecer, un atardecer o una montaña,
En un bosque, un arroyo o un pantano centelleante.

El amor es un gran motivador.
No sólo una emoción o un sentimiento
Para convencer o disuadir.
Es el gran misterio donde
Las fuerzas positivas siempre prevalecen.

WORDS OF LOVE

Words of love,
Travel through the years,
Echoing the laughter,
Echoing the tears.

Words of love,
Demonstrate the many measures,
Reflecting the simple joys,
Reflecting the routine pleasures.

Words of love,
Recall the many enchanted hours,
Walking in the summer sunshine,
Walking in the fragrance of fresh flowers.

Words of love,
Sometimes resemble a dream,
Capturing days of rare beauty,
Capturing summer nights serene.

Words of love,
Describe two souls in love sincere,
Echoing the laughter,
Echoing the tears.

PALABRAS DE AMOR

Palabras de amor
Viajeras en el tiempo
Devolviendo risas
Recordando lágrimas.

Palabras de amor
Cautivas de momentos intensos
Reflejando alegrías sencillas
Reflejando placeres diarios.

Palabras de amor
Recuerdos de horas con encanto
Paseando bajo un sol de verano
Paseando bajo el perfume de las flores.

Palabras de amor
Semejantes a un sueño
Capturando hermosos días de belleza
Capturando serenas noches de verano.

Palabras de amor,
Arrullo de dos almas enamoradas,
Devolviendo risas
Recordando lágrimas.

DREAM COME TRUE

Soul reaching out to another kindred soul,
Each existing in the physical world,
They were carefully observing how
Their mutual desire would finally grow.

Their prayers and thought images
Had often expressed themselves the same way.
It was a powerful feeling of drawing closer
And uniting themselves day by day.

Flowers, fragrances, sights and sounds,
Were somehow all exciting and brand new,
And their warm closeness and love
Had made their dream come true.

SUEÑO REALIZADO

Almas buscando su alma gemela
Existiendo en el mundo físico
Observando con cuidado
Su mutuo deseo verse realizado.

Sus ruegos, imágenes y pensamientos
De igual forma se expresaron.
Día tras día fue creciendo
Un sentimiento de unión y acercamiento .

Flores, fragancias, paisajes y sonidos
Todos ellos les parecían nuevos.
Su íntima proximidad, su verdadero amor
Sus sueños realizados.

THE CALLING

Attention, all word lovers!
Share some truth.
Share some beauty,
Some reality,
And some fantasy too.
The literary world invites
And aficionados will delight,
When you poetically express
Your point of view.

For a new turn of phrase
Or a striking simile
Or even an unusual metaphor,
Your song will be yours.
As you remember your meter,
And use rhyme if you choose.
Make it happy. Make it sad
But create some lines
That will be remembered
And will also be used.

LA VOCACIÓN

¡Amantes de las palabras!
Compartan un poco de verdad,
Compartan un poco de belleza,
Un poco de realidad,
Y también un poco de fantasía.
El mundo literario les invita
Y los aficionados disfrutarán,
Cuando expresen poéticamente
Su punto de vista.

Por una frase nueva,
Un símil atrevido,
Una metáfora diferente,
Su canción les pertenecerá para siempre.
Recuerden la cadencia,
Y usen la rima si lo desean.
Tristes o alegres,
Escriban algunas líneas
Que puedan recordarse
E incluso recitarse.

BLUE FANTASY

The yellow light
Of my evening table
Lamp burns brightly
But in my heart I've flown away,
Far away, to the sea
Along the dark blue
Shining, silver sea.

I stand quietly
With peace and calmness
In my heart
There at the sea coast.
Looking across
The waves and blueness,
I contemplate the
Vastness and depth.

In the silence,
Of my soul I wonder
How the time passes by,
And how so much
Takes place-
Deep and mysterious
As the dark, blue
Shining, silver sea.

FANTASÍA AZUL

La luz amarilla
De mi lamparilla
Brilla intensamente
Pero mi corazón
Está lejos, muy lejos,
En el mar
Negro azulado
Brillante y plateado.

Quedo y silencioso,
Con paz y tranquilidad
Mi corazón allí
En la orilla del mar
Contemplando
Las olas y su azul intenso,
Contemplando
Su inmensidad y su profundidad.

En el silencio de mi alma
Me pregunto
Cómo pasa el tiempo
Cuántas cosas suceden
Misteriosas y profundas
Como el mar, negro azulado
Brillante y plateado.

POEM OF BEAUTY

Poem of beauty, poem of light,
Tell me a story, make everything right.

Poem of beauty, poem of love,
Bring me quiet peace, send the white dove.

Poem of beauty, poem of truth,
Show me some errors of my foolish youth.

Poem of beauty, poem of song,
Tell me the verses so I may sing along.

Poem of beauty, poem of rhyme,
Tell me a bit of history, tell it in time.

Poem of beauty, poem of light,
Shed your goodness upon me.
Grant me some sweet dreams this night.

POEMA DE BELLEZA

Poema de belleza, poema de luz,
Cuéntame una historia, una con final hermoso.

Poema de belleza, poema de amor,
Dame paz armoniosa, dame la blanca paloma.

Poema de belleza, poema de la verdad,
Muéstrame algunos errores de mi necia juventud.

Poema de belleza, poema de canción,
Cuéntame los versos para que los cante también yo.

Poema de belleza, poema de rima,
Cuéntame un poco de historia, cuéntamela a tiempo.

Poema de belleza, poema de luz,
Ilumíname con tu bondad.
Dame esta noche unos sueños dulces y hermosos.

MEDITATION

Moments of peace have more meaning.
Times of stillness give us a gleaning,
A glimpse of fullness,
And the colors of feelings.
Blue, green and gold thoughts, gently streaming
Without any effort for you to hold.

More and more learning about the other side
Of yourself and being;
A gentle flowing of all your senses
Which are sensing your foreverness,
For a little while.

MEDITACIÓN

Los momentos de paz tienen más sentido.
Son momentos de quietud que nos ofrecen
Un rayo de esperanza, un destello de plenitud,
Los colores de los sentimientos.
Pensamientos azules, verdes y dorados
Que se derraman sin tener que retenerlos.

Más y más conocimientos
De tu otro yo, de tu otro ser.
Tus sentidos fluyen apaciblemente
Sabedores de su eternidad,
Mientras dura el momento.

WHEN PATHS CROSS

Our eye contact reminds us
Of the secret struggles
We experience
Within our souls.

Serious thoughts reflected
Upon our faces demonstrate
The unspoken conflicts
That we are living.

Morning, noon, and nighttime,
We go through an ordinary day,
We meet our fellow travelers
Who are also attempting
The pursuit of their
Own unique way.

A casual word, a glance,
Or even a smile,
Manifests the hidden, underlying,
Personal drama unfolding;
All the yearning and striving,
To achieve our uncertain destinies.

CAMINOS QUE SE CRUZAN

Nuestro mirar nos recuerda
Las luchas secretas
Que en nuestras almas
Cada uno vivimos.

Los pensamientos serios
Que nuestras caras expresan
Reflejan los conflictos
Que en silencio vivimos.

Mañana, tarde y noche,
Vivimos días rutinarios.
Encontramos compañeros de viaje
Que intentan también
Hallar
Su propio camino.

Una palabra al azar, una mirada
O una sonrisa,
Manifiestan el drama escondido,
El drama que deja al descubierto
La lucha y el esfuerzo
Para llevar a buen puerto nuestro incierto destino.

THE MYSTIC

Mystical man, many are they
Who come and go,
His mystery sets him apart
From all the rest, apropos.
Whenever he enters a room
It creates a stir.
People anticipate that
Something magical might occur.
Unusual phenomena that are
Difficult to explain,
Sometimes happen as long
As he remains.
He is in touch with the
Supernatural, so people say,
But his gifts just keep on coming.
They don't go away.

EL MÍSTICO

El hombre místico, muchos de ellos
Vienen y van.
Su aura de misterio le aparta
A propósito de los demás.
Cuando llega a un lugar
Se produce un revuelo.
La gente espera que
Algo mágico ocurra.
Fenómenos extraños
Difíciles de explicar,
Suceden a veces mientras
Él está allí.
Está en contacto con
Lo sobrenatural, dice la gente,
Y sus dones cada día mayores
No le abandonan.

STRANDED IN TIME

Caught up in this earthly life,
Not knowing where the beginning
Or the ending came,
He was just in a pending status.

One day, he woke up.
And it all occurred to him
In a few seconds as a flash
Of insight.

Somehow he had been slowly
Moving right into a standstill.
Everyone else was still moving
Forward or backward or sideways,
But he had stopped.

PARADO EN EL TIEMPO

Capturado en esta vida terrenal,
No sabiendo dónde estaba el comienzo
Ni tampoco el final,
Se encontraba en un estado de letargo.

Un día se despertó
Y en pocos segundos
Una ráfaga de conciencia
Le sorprendió.

De alguna manera había llegado lentamente
A una pausa.
Los demás seguían moviéndose
Hacia adelante, hacia atrás o de un lado a otro,
Pero él se había parado.

BEAUTY DREAM

The blue twilight sky
Draped over the large band
Of full bodied healthy trees
With small curly tops
Filled me with a nostalgic
Longing and indescribable wishes.
These feelings arose
As I had stopped to regard
This view of natural beauty.
I had a sense of time
That passes away and yet
Is also always the same.

SUEÑO DE BELLEZA

El cielo azul del crepúsculo
Envuelto en una larga fila
De árboles tupidos
Y de copas rizadas
Me llenó de nostalgia y
Deseos indescriptibles.
Estos sentimientos afloraron
Cuando me puse a contemplar
Esta vista de belleza natural.
Tuve un sentido del paso
Del tiempo
Inefable pero pertinaz.

BOUQUET OF MEMORIES

A violet, a rose, a star, and a song,
These were some of the memories
That still seemed to linger on.

Something had gone astray,
Something that could not be easily replaced.
The images of our past happiness
Though misty were filled with grace.

Moments of consciousness that we shared
Were unique and special, uncontrived.
Feelings of happiness that we never wanted
To end were so simple yet so very alive.

UN RAMO DE RECUERDOS

Una violeta, una rosa, una estrella y una canción,
Estos eran algunos de los recuerdos
Que persistían en mi corazón.

Algo se había extraviado,
Algo que no podía ser fácilmente reemplazado.
Las vagas imágenes de nuestra pasada felicidad
Estaban llenas de gracia.

Nuestros momentos de conciencia
Eran únicos, especiales e inimaginables.
Nuestros sentimientos de alegría que no queríamos
Agotar eran sencillos pero vívidos.

HOPE

Hope is like
The first rays of sunshine
At the dawn of a new day.
It is like finding the answer
When we pray.
Hope is like having been lost,
And now being able to find the way.
Hope is confidence and inspiration,
Going forward and not feeling dismay.
Hope is encouragement and promise
And finding the positive things
Along the way.

LA ESPERANZA

La esperanza es como
El primer rayo de sol
De un nuevo amanecer.
La esperanza es como
Recibir la respuesta a una oración.
La esperanza es como
Haberse perdido y luego hallar el camino.
La esperanza es confianza e inspiración,
Seguir hacia adelante sin sentir desaliento.
La esperanza es himno y promesa,
Encontrar lo más positivo
Del camino emprendido.

LOVE FANTASY

We had been building castles in the air,
Dreaming a bridge of dreams,
Where we could cross over and enjoy a journey
Of unreality and happy adventures together.
Time had stood still for us
While we lived the dreamy highlife,
Tripping the light fantastic through yesterdays,
Todays, tomorrows as we felt the bliss
And other good feelings of our love fantasy.

FANTASÍA DE AMOR

Habíamos creado castillos en el aire,
Soñado un puente de sueños
Donde pudiéramos cruzar y disfrutar juntos
Un viaje de irrealidad y felices aventuras.
El tiempo se había parado para nosotros
Mientras vivíamos una vida de ensueños,
Emprendiendo viajes fantásticos por muchos pasados,
Presentes y futuros mientras sentíamos la dicha
Y otros sentimientos hermosos de nuestra fantasía de amor.

AFTERGLOW

Shades of afterglow,
Music and wine,
Good vibrations,
Our feelings grew and grew,
Like the fruit of the vine.

Candlelight in her eyes,
So beautiful,
There was always a light
So divine,
That whole unusual night
Our feelings grew and grew,
Like the fruit of the vine.
Shades of afterglow,
Good vibrations,
Music and wine.

RESPLANDOR CREPUSCULAR

Sombras de resplandor crepuscular,
De música, vino
Y buenas vibraciones,
Nuestro amor creció y creció
Como la fruta de la vid.

La luz de las velas en sus ojos,
Tan bella,
Aquella luz,
Tan divina.
Aquella noche tan especial
Nuestro amor creció y creció
Como la fruta de la vid.
Sombras de resplandor crepuscular,
De buenas vibraciones,
Música y vino.

DREAMING OF LOVE

Dreaming of someone who was sitting there
In the opposite chair,
Someone to talk to and to share,

I was dreaming of someone to walk with,
To share the simple beauty of nature,
And the visible world,
And yet I usually walked alone.

I had dreamed of a night in Summer,
When I was standing by the river,
With her by my side.
All the city fights reflected
On the dark, mildly wavy waters
Giving the river a fluid, shiny look.

We had known the excitement
And joy of being together,
And of being in love.

SOÑANDO CON EL AMOR

Soñaba con alguien sentado en una silla
Junto a mí,
Alguien con quien hablar y compartir.

Soñaba con alguien con quien pasear,
Compartir la belleza sencilla de la naturaleza
Y el mundo real,
Pero me paseaba solo.

Había soñado con una noche de verano,
Cuando estaba junto al río,
Con ella a mi lado.
Las luces de la ciudad se reflejaban
En el agua oscura y ondulada
Dando al río un aspecto brillante y fluido.

Habíamos conocido la emoción,
La alegría de estar juntos
Y de estar enamorados.

MARIA AND THE MOON

It was warm that evening, and not quite June,
When Maria and I drove down by the river
To see the big, yellow full moon.
She was talking and laughing,
Apparently in a good mood.
So too, the big yellow moon likewise
Seemed happy and cheerful too.
The big, yellow, pale moon suspended
In the dark nighttime sky,
Made me imagine many different,
Faraway places, times and lives.
How did this moon look over Vienna,
Athens or Rome?
Somehow it must be a little different
Than the one Maria and I
Were seeing here at home.

MARÍA Y LA LUNA

Aquella noche cálida, poco antes de junio,
María y yo nos acercamos al río
Para ver la luna llena, redonda y amarilla.
Hablaba, se reía
Y se la veía contenta
Como la luna redonda y amarilla.
Colgada en el oscuro cielo oscuro nocturno
La luna redonda, pálida y amarilla
Sin quererlo me condujo
A diferentes lugares, tiempos
Y vidas lejanas.
¿Cómo sería aquella luna redonda y amarilla
En Viena, Atenas o Roma?
Probablemente un poco diferente
De la luna que María y yo
Mirábamos desde aquí, cerca del río.

PREDESTINATION

In the recesses of infinity,
Before time began
Our life and existence
We're a part of God's plan.

Destiny had a new day,
God's love would express
And manifest itself even more.
Each would go their own way.

All loving, almighty
And all knowing Father
Who has created and designed
All things, living and non-living,
We must pray each day to understand
And to know better through faith
Your inexplicable superior Divine nature.

PREDESTINACIÓN

En lo más recóndito del infinito,
Antes del comienzo de los tiempos
Nuestra vida y existencia
Formaban ya parte de los planes de Dios.

El destino tuvo un nuevo día,
Y el amor de Dios se expresaría
Manifestándose aún más,
Cada cual tomando su propio camino.

Padre Omnipresente, Todopoderoso
Y Omnisciente,
Que has creado y concebido
A todos los seres vivientes e inanimados.
Hemos de rezar cada día para comprender
Y conocer mejor mediante la fe
Tu indescifrable naturaleza divina.

LIFE IS A LABYRINTH

The many destinies we all reach
Are arrived at so differently by each.

Our journey along life's way,
Is often by many diverse paths
And trails each day.

Divergent and various roads and routes
We go along, learning life's simple truths.

As we make our daily choices of which
Directions to take,
We knowingly or unwittingly
Our final ending create.

There are many pitfalls and detours for most,
Sometimes taking us to the outermost.

The contrast is so great for some
That their existence appears as if from
A different millennium.

LA VIDA ES UN LABERINTO

Cada cual se acerca de manera diferente
A los múltiples destinos que ha de recorrer.

Nuestro viaje por la vida
Nos lleva por caminos
Y senderos diferentes cada día.

Por varias rutas y caminos divergentes
Andamos aprendiendo las verdades sencillas de la vida.

Mientras decidimos diariamente
Qué camino tomar,
Queriéndolo o sin quererlo
Creamos nuestro destino final.

Hay muchos peligros y escollos para la mayoría
Que a veces nos llevan a ciertos extremos.

El contraste es tan grande para algunos
Que su existencia parece pertenecer
A un milenio diferente.

INCREDIBLE ODYSSEY

Beyond the edge of the seas,
Beyond the edge of the horizon,
Beyond the end of the mountain tops,
Beyond the clouds in the sky,
Beyond the sun, the moon, and the stars,
Beyond the Milky Way and beyond our galaxy,
Beyond the mysterious black holes,
Beyond the limits of the cosmos,
Traveling until the boundaries
Of the whole universe
Have finally been attained.
We come face to face with eternity;
A place of all spiritual and human longing.

ODISEA INCREÍBLE

Más allá de los mares,
Más allá del horizonte,
Más allá de las cumbres de las montañas,
Más allá de las nubes del cielo,
Más allá del sol, de la luna y de las estrellas,
Más allá de la Vía Láctea y de nuestra galaxia,
Más allá de los misteriosos agujeros negros,
Más allá de los límites del universo,
Viajando hasta alcanzar
Las últimas fronteras
Del universo entero,
Nos enfrentamos a la eternidad,
Al lugar de todos los anhelos humanos y espirituales.

RHYTHMS

Rhythms of life,
Rhythms of love,
Rhythms of laughter,
Rhythms of the seasons,
Cycles and tempos,
Beginnings and endings,
Growings and maturings,
To ripenesses, fruitions,
Flowings of up and down,
Increasing, decreasing,
Now blooming, now petals,
Falling from the roses,
Sunshine, cloudy, or rain,
The rhythms continue
Unending again and again.

RITMOS

Ritmos de la vida,
Ritmos del amor,
Ritmos de la risa,
Ritmos de las estaciones,
Ciclos y ritmos,
Principios y fines,
Crecimientos y desarrollos,
Para madurar, fructificar,
Fluir hacia arriba y abajo,
Aumentar, decrecer,
Ya floreciendo, ya pétalos
Cayendo de las rosas,
Soleado, nublado o lluvioso,
Los ritmos continúan
Infinitamente, de nuevo, otra vez.

DREAM JOURNEY

Wandering through his unusual odyssey,
He finally arrived at a different shore
In the shadow of time,
And bending with the wind.
Exotic and nearly bizarre,
Many of his experiences had been
Like pieces of a dream.
Searching for the gifts of the angels,
And exploring in the sea of tranquility,
Passion, romance, and music
Had all been within his grasp.
Instead while spinning the dream,
He had finally come to enjoy
The simple music of nature,
And how beautiful
Is the park in the city.

ENSOÑACIÓN

Paseando por su odisea extraordinaria
Llegó a una orilla diferente
Doblándose con el viento
En la sombra del tiempo.
Exóticas y casi extrañas,
Muchas de sus experiencias habían sido
Como pedazos de un sueño.
Buscando los dones de los ángeles
Y explorando en el mar de la tranquilidad,
La pasión, el romance y la música
Habían estado a su alcance.
Mientras hacía girar el sueño,
Lograba gozar con
La música sencilla de la naturaleza
Y la belleza
Del parque de la ciudad.

STARLIGHT REFLECTIONS

Gazing at the velvet, blue sky,
Dotted by the twinkling, white stars,
Shining so high;

My heart was filled with wonder and awe,
As I thought about the many things
Our Creator foresaw.

I was humbled at the sight
Of the universe so vast and so bright.

My life seemed small by comparison.
It was like one of the tiny stars
Blinking on and off again.

REFLEJOS DE LAS ESTRELLAS

Miraba fijamente el cielo azul aterciopelado
Y moteado por las estrellas blancas y centelleantes
Que brillaban a lo alto.

Mi corazón estaba lleno de admiración y asombro
Al pensar en todas aquellas cosas
Que nuestro Creador había anticipado.

Me sentí humilde al contemplar
El universo tan inmenso y brillante.

Mi vida, en comparación, me pareció pequeña,
Pequeña como una de las diminutas estrellas
Parpadeando, parpadeando sin fin.

FLOWER OF NEW LOVE

Her smile was like a flower in bloom,
The fragrance of her new found love
Softly flowed forth as sweet perfume.

Rose petals descended one by one,
And a tulip bud began to slowly open
As in Spring is done.

The beauty of her fair and comely face
Had left a flower-like impression
On his heart
That time would not erase.

FLOR DE UN NUEVO AMOR

Su sonrisa era como el brotar de una flor.
La fragancia de su nuevo amor
Fluía con la misma suavidad de un perfume.

Los pétalos de rosa caían uno tras otro
Y un brote de tulipán comenzó a abrirse
Poco a poco, como la primavera.

La belleza de su cara blanca y hermosa
Dejó en su corazón
La huella de una flor
Que el tiempo no borraría.

MYSTIC AVENUES

Winding along, leading on to the next
Enchanted cross street, and far beyond,
Mystic avenues with a meandering way,
Proceeding to a certain destination,
In an uncertain future place.
Just imagine as you are driving;
And the day is drawing to an end.
The headlights of the cars riding
Back and forth grow stronger,
Shining their bright beams of light
Into the recesses and crooks,
Giving the avenues their mysterious
And inscrutable look.

AVENIDAS MÍSTICAS

Enrollándose, desplegándose más allá
Del cruce de calles,
Las avenidas místicas con caminos sinuosos
Conducen a un destino certero,
A un lugar incierto del futuro.
Imagina que conduces
Al caer la tarde.
Las luces de los autos
Que van y vienen brillan más
Y sus destellos alumbran
Los recovecos y recodos,
Dando a las avenidas una apariencia
Misteriosa e inescrutable.

FOR HEAVEN

Surrounded by fantasies,
We are dreamers,
Trying to live out
Our desires, wishes and hopes.

We are all fellow travelers
Struggling, sometimes, even
Stumbling along our way
To a destination
That is not always clear.

Our eternal Father calls us
In many different, individual ways,
If we would only listen.
He calls us to our everlasting
Home, our birthright,
The longing of our soul
Which is heaven.

LLAMADA AL PARAÍSO

Rodeados de fantasías,
Somos soñadores
Tratando de hacer realidad
Nuestros deseos, anhelos y esperanzas.

Somos compañeros de viaje
Luchando y también
Tropezando en el camino
Hacia un destino
Que no siempre entendemos.

Nuestro Padre Eterno nos llama
De muchas maneras diferentes e individualmente,
Si sólo supiéramos escuchar.
Nos llama a nuestra casa eterna,
A nuestro derecho de nacimiento,
Al anhelo de nuestra alma
Que es el paraíso.

TIME AND FOREVER

There is a forever in every moment
When we live our lives with that special
Consciousness and awareness.
Minutes last for hours,
And it is a joy to be alive,
We have to become more simple,
More concentrated, more focused.
Yet our daily routines do not always
Permit us to do so.
Moment after moment they go,
Always passing away into forever.
If only we could catch a moment
And live it more fully,
We could make our personal hour-glass
More full of time and forever.

EL TIEMPO Y LA ETERNIDAD

Hay una eternidad en cada momento
Cuando vivimos nuestras vidas
Con conocimiento y conciencia.
Los minutos duran horas
Y nos alegra estar vivos.
Tenemos que ser más sencillos,
Reflexivos y equilibrados
Aunque nuestra rutina diaria
No siempre nos permita serlo.
Los momentos pasan, se van,
Y se alejan para siempre.
Si sólo pudiéramos capturar el momento
Y vivirlo más plenamente,
A nuestro reloj de arena le quedaría
Más tiempo y sería más eterno.

SUMMER MOON

The orange yellow moon
On that warm summer evening
Contained many secrets
And rare wisdom of ages past.

So many poets, romantics
And songsters
Had praised its mysterious beauty
Their number was vast.

In the lower part
Of the eastern sky
The large orange yellow sphere
Was full and bright
 And slowly upwards ascending.

Gradually it traveled
Across the dark havens,
While most of the world
Was settling in for slumber
As its day was now ending.

LUNA DE VERANO

La luna amarilla y naranja
De aquella calurosa noche de verano
Guardaba muchos secretos y
Una sabiduría excepcional de tiempos pasados.

Fueron tantos
Los poetas, románticos
Y cantantes
Que su misteriosa belleza alabaron.

En la parte inferior
Del cielo del este
La enorme esfera amarilla y naranja,
Llena y brillante,
Ascendía lentamente, por instantes.

Viajaba muy despacio
Por el oscuro cielo,
Mientras la gente
Se adormecía
Con la caída del día.

ROSE MEMORY

When warm breezes blow,
And Summer blue skies
Hold puffy white clouds
That slowly float by,
The roses glow a rich dark red,
The color of burgundy wine
Hanging on the green vines.

The notion of her smile
Was like one of those roses.
Many years had passed
Since they had said goodbye.
Her rose memory always returned
Whenever he saw the roses
Hanging on the green vines.

RECUERDO DE UNA ROSA

Cuando sopla una calurosa brisa
Y el cielo azul del verano
Abraza las nubes blancas e hinchadas
Que flotan lentamente,
Las rosas brillan con un color rojo intenso,
Color del vino borgoña
Suspendido en las verdes viñas.

El recuerdo de su sonrisa
Era como una de esas rosas.
Muchos años han pasado
Desde que nos despedimos.
Volvía a recordar la rosa
Cuando contemplaba las rosas
Suspendidas en las verdes viñas.

EDGE OF A FANTASY

On the edge of a fantasy,
Quickly we run from reality,
In leaps and bounds.
We are searching
For our own unique happiness.
Imagining and wishing,
Desiring the best of dreams,
Remembering the secret hopes
And all the well-planned schemes,
Never knowing exactly,
How our story
Would finally unfold.
Eager hearts are always loving,
Always yearning for their fantasy
To behold.

AL BORDE DE UNA FANTASÍA

Al borde de una fantasía,
Escapamos de la realidad
A pasos agigantados.
Estamos a la búsqueda
De nuestra propia felicidad
Imaginando y deseando,
Esperando lo mejor de los sueños,
Recordando las esperanzas secretas
Y todos los proyectos trazados,
Sin saber exactamente
Cómo nuestra historia
Terminará.
Los corazones impacientes siempre aman
Anhelando capturar
Su fantasía.

SAYING GOODBYE

The journey back in time
Came in those lonely moments
While sitting by the river
On warm summer evenings.
The persistence of memory
Recalled that farewell
From distant harbors,
And faraway lands.
In our shared visions we had
Pushed the clouds away.
Many joys and many sorrows
Had come and gone.
Our friendship was ending.
We would go our separate ways.
Saying goodbye was not always easy.

DESPEDIDA

El viaje de regreso al pasado
Sucedió en aquellos momentos solitarios
Mientras estaba sentado junto al río
En las noches calurosas de verano.
La persistencia del recuerdo
Me hizo pensar en aquella despedida
Desde puertos remotos,
En tierras lejanas.
En nuestros sueños compartidos
Habíamos empujado las nubes,
Viviendo y pasando
Nuestros muchos gozos y penas.
Nuestra amistad se estaba acabando.
Tomaríamos caminos separados.
Despedirse no era fácil.

GIFT OF THE PRESENT MOMENT

As I look past the boundary
Of this life toward eternity,
The inherent mystery and magic
Of each passing moment
Glows ever more brightly,
Full of joy and wonder
Rich in potential,
Rich in meaning
Is this ever fleeting,
Yet ever present
Moment.

REGALO DEL MOMENTO PRESENTE

Cuando miro la frontera
De la vida hacia la eternidad,
El misterio y la magia inherentes
De cada momento que pasa
Brillan con intensidad.
Lleno de gozo y asombro,
Abundante en posibilidades,
Abundante en significados,
El momento
Siempre efímero
Siempre presente.

TWILIGHT BLUE

When the bright golden sun
Begins to set
And the light blue sky
Blends with the rosy violet.

Nature reminds us
It is almost day's end.
We must now make ready
Our activities to suspend.

So many days like this
Have come and gone
We always believe
There will be another one.

And yet the special beauty
Of the twilight blue,
Regrettably is only noticed
By a very few.

CREPÚSCULO AZUL

Cuando el sol dorado
Se acuesta
Y el cielo azul luminoso
Se mezcla de violeta rosado,

La naturaleza nos recuerda
Que el día ha llegado a su fin
Y que nos hemos de preparar
Para hacer una pausa en nuestras actividades.

Otros días similares
Han llegado y pasado,
Pensando que siempre
Habrá un mañana.

La belleza especial
Del crepúsculo azul
Es contemplada
Por unos pocos, sólo.

LISTEN TO THE WAVES

Ocean waves washing up along the shore,
The relaxing cadence and the easy rhythm,
It makes us wish for more.
What are the waves telling us
Amidst their gentle roar?
They are carrying many messages of wisdom,
Which are sometimes not so easy to ignore.
Calmness, peacefulness, all come in their time,
Along with tranquility evermore
We need only stop and heed the messages of wisdom
That are daily washed up along the shore.

ESCUCHEN LAS OLAS

Las olas del mar se arrojan en la orilla.
Su cadencia relajada, su ritmo natural
Nos hacen querer más.
¿Qué nos dicen las olas
Con su ligero clamor?
Nos traen mensajes sabios
Difíciles de ignorar.
Calma, paz, todo llega a su debido momento
Junto con la tranquilidad para siempre.
Sólo hay que pararse y escuchar los mensajes sabios
Arrojados diariamente a la orilla del mar.

MIDNIGHT RHAPSODIES

The music flows through the night air.
It is playing on the airwaves of radios.
Flowing in all directions, everywhere.
The seductive sounds evoke images
Of old dreams and memories.
As the music plays on, my imagination
Wanders to thoughts of love, romances,
And traveling to exotic places.
All the memories grow fonder
As the melody ebbs and flows easily,
So do my moods and feelings,
As in a rhapsody.

RAPSODÍAS DE MEDIANOCHE

La música recorre el aire de la noche.
Suena en las ondas de las radios,
Emana en todas direcciones, por todas partes.
Los sonidos seductores evocan imágenes
De sueños y viejos recuerdos.
Mientras la música continúa, mi imaginación
Vaga hacia pensamientos de amor y romances,
Viajando a lugares exóticos.
Los recuerdos se agolpan dulcemente
Mientras la melodía decae y fluye fácilmente
Como mis sentimientos, como mis ánimos,
Como en una rapsodia.

EARLY MORNING STILLNESS

With the stillness and peace
Of the early morning hours
Long before the sun rises,
And sheds its wondrous light
On all the many flowers:

While sitting alone quietly
In a well-lit place,
There is time to pause
And meditate
On the many realities
That all of us must
Eventually face.

LA QUIETUD MATINAL

En la quietud y la paz
De las horas tempranas
Del amanecer,
Los rayos de sol
Iluminan las flores:

Mientras me siento tranquilo
En un lugar bien iluminado,
Tengo tiempo para hacer una pausa
Y meditar
Sobre las muchas realidades
Que todos nosotros
Hemos de enfrentar.

GIL SAENZ

Gilbert Saenz (Pen Name: Gil Saenz) was born in Detroit, Michigan, on October 17, 1941. His parents are Valentine and Lena Saenz (both now deceased). He is currently employed as a Computer Specialist with the government. He received his B.A. in English Literature in June 1968 at Wayne State University, Detroit, Michigan. In addition, he has completed 2 years of post-degree studies also at Wayne State University. From 1960 to 1963 he worked as a Personnel Specialist in the United States Air Force. He has also served as a U.S. Diplomatic Courier in the Foreign Service at the Frankfurt, Germany office from 1969 to 1970.

Gil began publishing poems in 1984. To date he has published over 230 of his poems individually. Also, he has published three collections of his own poems, which are entitled as follows: WHERE LOVE IS (88), COLORFUL IMPRESSIONS (93), MOMENTS IN TIME (95) and LAVENDER & LACE (98). A fifth book of poems, DREAMING OF LOVE, was published by Pentland Press in 1999. As a member of the Latino Poets Association since 1985, he has done many readings of his poems as well. Some of his favorite themes include: love, romance, nature, beauty, and spiritual-religious. "Poetry as an activity has opened many doors of new friendships and associations, and has provided me with some very unique and interesting experiences."

OTHER POETRY BOOKS BY GIL SAENZ

WHERE LOVE IS
Second Printing
Minnesota Ink, Inc. 1988
St. Paul, Minnesota

COLORFUL IMPRESSIONS
Printed by
Casa De Unidad Press, 1993
Detroit, Michigan

MOMENTS IN TIME
Printed by
Bookmasters, Inc., 1995
Ashland, Ohio

LAVENDER & LACE
Co-authored with Jacqueline Sanchez
Published by
Sounds of Poetry, 1998
Detroit, Michigan

DREAMING OF LOVE
Published by
Pentland Press, Inc., 1999
Raleigh, North Carolina